Appel aux Jeunes Français

A mes Amis

AUX COLONIES !

PAR

L'Abbé Théophile DUBREUIL

Curé des Saintes (Antilles)

MELLE

IMPRIMERIE ET LIBRAIRIE LACUVE

—

1901

AUX COLONIES

Appel aux Jeunes Français
A mes Amis

AUX COLONIES !

PAR

L'Abbé Théophile DUBREUIL

Curé des Saintes (Antilles)

MELLE

IMPRIMERIE ET LIBRAIRIE LACUVE

1901

ÉVÊCHÉ

DE BASSE-TERRE

(*Guadeloupe*)

Basse-Terre, le 31 janvier 1900.

Carissime et amantissime,

Tuum quidem lepidissimum opusculum tuasque jucundissimas epistolas magna cum voluptate multoties perlegi. Felix es, inquam, qui inter tot et tanta muneris tui officia tempus novisti reperire ad sublevandam non solum tuam sed etiam fratrum mentem. Tum pedestri, tum poetico sermone, tum gallica, tum latina lingua semper festivus ubique copia verborum dives delectas (ut docet Horatius), pariterque mones lectorem et grata varietate styli indesinenter juvas. Legendo tua scripta delectatus sum; majore cum lœtitia ipsum scriptorem vidissem, sed ovium tuarum cura te domi retinet. Ovile tuum diligenter serva; opus fac evangelistœ : novi te tam bonum pastorem quam optimum pœtam.

Benedicat te insuper Deus totius consolationis et sancti gaudii.

† **Petrus Maria,**

Ep. Imœ Telluris.

ÉVÊCHÉ

DE BASSE-TERRE

(*Guadeloupe*)

—

Basse-Terre, le 31 janvier 1900.

Très cher fils,

J'ai lu et relu toujours avec un nouveau plaisir votre agréable opuscule et vos lettres fort gracieuses. Je ne puis que m'écrier : heureux prêtre, qui au milieu de tant et de si grandes obligations du saint ministère trouve encore le loisir de nourrir son intelligence et celle de ses frères. En prose et en vers, en français comme en latin, toujours abondant, vous ne cesséz selon le précepte d'Horace, tout en l'instruisant, de plaire au lecteur par la variété incessante de votre style. C'est avec un bien grand plaisir que j'ai lu vos œuvres ; je serai encore plus heureux de vous voir. Mais les soucis de votre paroisse vous retiennent : continuez à faire œuvre d'apôtre ; car j'ai appris que vous étiez aussi bon prêtre que bon poète.

Que le Dieu de toute consolation et de toute joie vous bénisse.

† PIERRE MARIE,
Évêque de Basse-Terre.

CHAPITRE PREMIER

Qui ne connaît les Tropiques, aura de la peine à me comprendre. Il me croira enthousiaste d'un soleil, d'un climat, de mœurs imaginaires. Que serait-ce donc s'il nous avait été permis de vivre il y a quelques siècles au moment où se fondaient les grands empires coloniaux. Quelque rêve que nous puissions faire il n'atteindrait point le mystérieux de ces pays enchanteurs où le gland devient citrouille, où l'herbe se transforme soudainement en un grand arbre, où le soleil des étés les plus chauds de France devient ici celui des hivers les plus tempérés, où l'intelligence est d'une précocité qui tient du prodige, où le cœur jette au loin les barrières dans lesquelles la Providence le resserre sur les anciens continents. J'ai vu le voyageur arriver à la Pointe-à-Pitre. Nous étions sur le paquebot *La France*, et c'était l'heure du dîner. Mais à ce cri : « La Pointe-à-Pitre », ce ne fut qu'un mouvement de curiosité, et contrairement aux usages de la bonne société, hommes, dames et enfants se précipitèrent aux hublots et sur le pont. Qui ne leur pardonnerait, après une traversée de onze jours, sans autre perspective que le ciel et les flots. Personne ne revint. On attendit longtemps et je crois qu'on attendrait encore, tellement la rade leur parut enchanteresse avec ses cocoyers, ses palmistes, son usine, ses barques, ses maisons, son église. O pays créole ! comme les étrangers t'ignorent ! Bernardin de Saint-Pierre écrivant Paul et Virginie, n'exagéra point.

Quand Dieu fit le créole, il le plaça au milieu des océans, dans une corbeille de verdure. L'enfant grandit, et levant les yeux, il vit au firmament un globe d'une étincelante beauté toujours pur et toujours ardent. Et cet astre comme touché du regard si tendre de l'enfant abandonné au milieu des océans, descendit tout entier dans la poitrine du nouveau-né dont le cœur devint un second soleil. Pour comble de caresses, Dieu voulut que la nourriture de cet enfant fut aussi douce que le miel. Et le soleil d'un baiser à la terre, fit naître la canne à sucre. Les champs se couvrirent aussitôt d'une verdure où l'or et l'émeraude se disputent le prix. Les oiseaux-mouches se posèrent sur les feuilles encore tendres et à tant de richesses vinrent ajouter les pierreries qui leur servent d'ailes et de couronnes, pendant que la pomme d'or pendait à l'oranger, invitant le passant à un doux rafraîchissement. Et au milieu de tant de senteurs, dans l'enivrement que produisent les multiples arômes sous le rayon de soleil caressant les fleurs, le créole se prit à aimer et son cœur devint grand comme l'océan qui l'entoure.

De cet amour devait naître le chant.

Mais tandis que le chant des autres peuples est composé par les poètes ou du moins par des hommes quelque peu lettrés, ici l'homme improvise et chante. La négresse, au lendemain d'une fête patronale, au milieu d'un cercle de choristes de circonstances, au son du tambour de basque, raconte son passé, son présent, prédit son avenir. L'auditoire suit ses mouvements cadencés, et répond sur un rythme uniforme, par un air ou un mot d'une agaçante répétition, à peu près comme on voit aux roues des lourds chariots de France un obex venir heurter le serre-frein et renouveler un strident grincement.

Et ce qu'il y a d'incroyable, c'est que ce chant et ces danses peuvent durer des nuits entières, sans interruption. Que dire des époques d'élections ? On chansonne les candidats et le tamtam répète quelque six mois, leur nom, leurs qualités et leurs défauts, — non aux échos des rochers, ce qui serait pardonnable, — mais à vos oreilles qui en sont meurtries jour et nuit. A côté de ces chants et de ces danses originaires d'Afrique, il y a pourtant aux Tropiques de délicieuses harmonies d'enfantines mélodies, comme la « valse des bébés ». Alors on semble renoncer aux airs si monotones que l'on entend dans la brousse, par les beaux clairs de lune, pour emprunter aux mélodies françaises leurs plus riches sonorités. Mais toujours d'une façon incessante le même air. Il semble s'enraciner dans l'oreille et commander à la langue. J'ai vu plus d'une année un cantique nouveau répété par toutes les bouches du matin jusqu'au soir.

Evidemment le chant ne peut aller sans les instruments de musique, sans l'accordéon. Plus qu'aujourd'hui, autrefois les groupes se formaient nombreux dans les bourgs exécutant des chants et des danses. C'était par ces beaux clairs de lune où le créole prolonge ses enivrantes soirées, par la fraîcheur des nuits et la douce brise qui repose ses nerfs. Le premier venu dans ces contrées s'empare de l'accordéon et en tire les sons qui charment l'entourage. On n'est pas exigeant, on ne demande point la « valse des roses ». Du son, seulement du son, et un mouvement de danse. Aussitôt les pieds et les mains, les têtes même sont en mouvement et la cadence de la musique est parfaitement suivie. Je ne dis pas qu'à côté de ces ébauches il n'y ait pas la danse savante, la danse créole. Hostile à la danse par caractère et par état, je ne puis cependant sans injustice en taire l'élégance. Les Océaniens dansent assis et dansent bien ; les Américains dansent debout et dansent bien. Et je crois que l'on peut louer sans réserve ces danses en famille où dans un court espace, dans un coui (calebasse) a dit plaisamment quelqu'un, on exécute les plus gracieux mouvements. En revanche, je n'aime guère le tambour de basque dont les sonorités nocturnes me rappellent assez bien les lointains rugissements du roi des déserts.

Les peuples de l'Océan chantent et dansent, et l'on est tenté de dire ce que disait un voyageur en face des Canaries : « Qu'ils sont heureux ! Heureux habitants ! » C'est la réflexion du reste que j'ai faite en touchant les terres des Tropiques.

L'Atlantique, cette île privilégiée des anciens, n'avait-elle pas été placée au milieu de ces petits mondes, où les fruits d'or pendent aux arbres, où la terre généreuse produit dix-huit fois et demi plus qu'en France.

Ceci est dit sans aucune exagération. Cependant, pour ne point amener d'illusion, il faut ajouter que s'il vous était permis de mettre pied à terre et de séjourner quelques années au sein de ces populations, peu à peu évidemment vous modifieriez vos premières impressions. Ce qui brille n'est pas toujours de l'or. Tout y vient promptement, mais tout y est de courte durée ; la vie de l'homme y est abrégée dans les régions paludéennes, la fièvre y sévit et la terre même chancelle sur ses bases. Que reste-t-il souvent après un cyclone ? Des ruines, la terre nue. Le blé qu'on y mange est exotique et la nourriture de l'indigène est dans la farine de manioc et le riz importé. La canne à sucre, il est vrai, y apporta la fortune, mais aujourd'hui que la terre s'épuise, que l'Egypte produit le sucre en abondance, que la betterave a détrôné la canne, quelles ressources peut-il y avoir ? Du café, du coton et du cacao ? Je le crois sans peine, mais à qui l'initiative ? Au colon. Qu'ils viennent donc les jeunes français.

Oui, qu'ils viennent les jeunes français ! Avec

la langue nationale, ils y retrouveront leur religion. Excessivement religieux en effet, plus amis même de leur religion que de leur propre existence, les peuples des Tropiques en l'absence du christianisme s'adonneraient volontiers aux plus étranges superstitions. Ils ne se contentent pas de voir dans le nombre 13 un nombre fatal, dans le chant du coq une prophétie, dans l'araignée du soir une espérance, ils se livrent encore à la sorcellerie. Les quaimboiseurs, les magnétiseurs ont une grande influence et il est bien difficile au prêtre d'en garder les âmes les plus chrétiennes. Depuis quelques années l'évocation criminelle des esprits par la plume a pris une grande extension. Qu'en résulte-t-il? Beaucoup y perdent la foi et bientôt la raison. On n'ignore pas non plus l'envoûtement qui se pratique avec un épouvantable succès. Brûler des bougies sur la tête de son ennemi est chose fréquente. On ne consultera point les entrailles d'une génisse, voire même d'un innocent agneau. Une vieille négresse sera appelée ; des personnes instruites, pieuses même se grouperont autour d'elle, et dans le silence frémissant de l'évocation, à la flamme d'une bougie allumée dans la plus profonde obscurité, on jugera du passé, du présent et du futur. Autant vaudrait jouer à pile ou face comme l'enfant de France. Et si je parle ainsi, c'est pour mieux faire ressortir cette vérité : que l'habitant des Tropiques est par nature religieux, et que faute de la véritable religion pour lui, tout deviendrait dieu excepté Dieu.

CHAPITRE II

L'hospitalité créole. L'esprit de famille. Le fermier. La défense
de passer. L'ouverture du cœur. La banane épluchée. Le petit
noir. Son chez soi. La jeune fille. La discipline. La domesticité. La cuisinière. Les sept années de silence.

A la religion se joint une qualité dominante
qui fait du peuple créole un peuple à part et le
revêt d'une grande beauté, en même temps
qu'elle le rend sympathique à tous les étrangers;
c'est sa généreuse hospitalité, sœur en tout point
de la vieille hospitalité gauloise tant vantée par
les historiens. Un membre de famille est-il dans
l'indigence ? ses parents le reçoivent à leur
foyer. Que dis-je ? les liens du sang ne sont
point nécessaires, et j'ai vu bien des fois des
amis prendre leur chez soi auprès de leurs amis.
L'un d'eux est-il en position ? toute la famille
monte d'un cran par le fait même : cousins et
cousines participent à cette prospérité. Allons
plus loin. La terre créole a peu de prix par elle-
même, et sa valeur ne vient que de sa mise en
œuvre. Aussi vous ne vous étonnerez pas si on
la considère aisément comme un patrimoine
commun : on coupe des herbes et on abat des
arbres chez vous à votre porte. De votre côté
vous pouvez en faire autant chez les autres. Et
le fermier que vous aurez établi sur la terre de
vos ancêtres se croira propriétaire au bout de
quelques années. N'a-t-il pas un peu raison,
puisque la terre, votre terre n'a pris de valeur

que par ses sueurs ? J'ai vu rire à gorge déployée devant une inscription ainsi conçue :

Défense de passer sur ce terrain.

On vient de voir combien l'hospitalité du créole est grande ; quant à sa franchise, il suffit d'avoir parlé avec lui pour avoir une idée de la grande ouverture de cœur dont il est doué. Il parle beaucoup, il sait beaucoup, il ajoute peut-être ; mais ce qu'il y a de certain, c'est qu'il ne garde rien pour lui. Plus d'une fois lui-même s'est comparé à un fruit, à la banane dont on a enlevé l'enveloppe et qu'il ne reste plus qu'à manger. Ce n'est pas à dire cependant qu'il ne sache garder un secret. Loin de moi une pareille pensée. Mais pour tout ce qui n'est point secret, il est d'une ouverture sans égale. Et si chez les autres peuples il faut avoir mangé un minot de sel avec quelqu'un pour le connaître, il n'en est point ainsi aux pays des Tropiques. Toutefois dans la classe populaire, si l'indigène ment, c'est pour cacher ses défauts à l'exemple de l'enfant qui a désobéi à ses parents. Souvent, des domestiques pris en flagrant délit, m'ont répondu :

— Monsieur, ce n'est point moi.

Un enfant dérobait un fruit :

— Comment t'appelles-tu ?

— Maman connaît mon nom.

— Comment s'appelle ta mère ?

— Je ne me le rappelle pas. Moa pas ka rappeler.

D'autre part, avoir son doux chez soi, sa case quelque pauvre qu'elle soit, fût-elle couverte de chaume, meublée d'un banc et d'une natte, est le rêve de toute jeune fille. Chez ses parents, elle est soumise évidemment à une surveillance, à une gêne qui croît en raison directe de son âge, et qu'elle supporte en raison inverse de sa croissance. Qu'on remarque surtout que l'enfant des pays chauds est entièrement livré à ses caprices, ignorant la discipline. La vie y est si douce et l'école buissonnière y est si parfumée de fleurs, de fruits et de nids d'oiseaux! Le créole abhorre la contrainte. Et aujourd'hui qu'il est question de recruter les jeunes gens pour le service militaire et de former des régiments indigènes, on peut se demander s'il ne faudra pas une discipline créole, quelque chose d'haïtien conforme à la dolce farniente des pays du soleil. Ce que recherche le créole en effet, c'est la liberté, l'exemption de l'autorité, être chez soi et ne dépendre de personne. La domesticité devient même très difficile dans les Tropiques, ce qui m'a fait dire plus d'une fois qu'on y est domestique à condition de n'être jamais à la maison.

Et dans ce chez soi quelque solitaire qu'il puisse être, chose étonnante, on ne parle jamais qu'à haute voix. Quand j'arrivai à la Guadeloupe, me disait quelqu'un, je fus surpris d'entendre la cuisinière parler incessamment. « Il y a donc toujours des visiteurs, me disais-je ». Ajoutez à cela l'ignorance de la langue créole et vous comprendrez combien ma curiosité devenait intense. Je me mis en observation, et chose curieuse, regardant d'un côté, regardant de l'autre, je ne vis personne. Personne non plus ne sortait. C'était trop fort. J'approchais, ô surprise! la cuisinière était seule, seule à parler. Depuis je me suis aperçu qu'il en est communément ainsi et qu'il est rare de trouver un indigène qui ne pense tout haut. Il en est même qui allant à leur travail passent devant chez moi, parlant, gesticulant, applaudissant, se fâchant, complètement absorbés dans une lutte oratoire, questionnant, répondant, réfutant, semblables à l'avocat qui se prépare dans le secret de son cabinet à défendre une cause.

Quelles langues, grand Dieu! Ils semblent qu'elles tiennent de l'exubérance du règne végétal et de la surexcitation nerveuse des sujets. Les philosophes anciens auraient vu échouer leurs prescriptions de sept années de silence!

CHAPITRE III

Le decorum. Le peignoir. Le chapeau haut de forme. Le médecin.
Le proverbe créole. Le bazar de famille. Une demi-douzaine de
filles. L'enfant créole. Les bains. Le miroir. Le vieux monsieur.
Les élections. L'ingratitude des électeurs.

On ne viendra point chez vous, on ne passera point devant votre porte si l'on n'est correctement habillé. La femme ne se présente qu'en peignoir fraîchement et rigidement amidonné. Pour certaines d'entre elles, au salon, on vous fait attendre demi-heure. Chez soi et pour soi, on se met à l'aise ; mais à l'arrivée de l'étranger, la case se vide et les oiseaux s'envolent pour reparaître un instant après, avec des plumes fraîches et fraîchement mises. La bonne vous dira : « Mettez-vous, monsieur ». Quant à l'homme, il ne paraît dans un mariage, dans un enterrement, à l'église, que complètement vêtu de noir et à la française. Le chapeau haut de forme est de mode. C'est une vraie transformation et celui que vous avez vu si pauvre, si misérable, si nu, est devenu un prince ! Voilà le decorum. Un jour, un médecin disait à l'un d'eux : « Vous êtes toujours habillés comme des seigneurs ». Il lui fut répondu : « C'est pour vous honorer ». On connaît le proverbe créole : robe rose, chapeau rose, bas roses, éventail rose, parasol rose. Ce qu'on ne sait pas, c'est qu'il faut à chaque instant renouveler la toilette, sans quoi on ne sort pas. C'est la grève au ménage. On plaint les mères de famille qui dépassent la demi-douzaine de filles. C'est qu'en effet il y a un véritable bazar à monter.

Ce qu'on vient de dire est d'un contraste frappant avec le laisser-aller de la case. Les enfants d'Europe sont chaudement habillés, grandissent dans un berceau de laine et de soyeux tissus. On chauffe leur linge et même lorsque arrivent les beaux jours, on les défend de la fraîcheur du matin ou de celle du soir. Toujours au moins pour se livrer à des jeux où la tête alterne avec les pieds, cet ange du foyer est vêtu avec la plus grande décence. Ici l'enfant se présente la plupart du temps nu ou très légèrement vêtu, toujours il est vrai avec cette innocence qui ne comprend rien à nos mœurs. Ne croyez pas pour cela que l'œil de ses parents, de ses frères, de ses sœurs même en soit grandement offensé. Affaire d'usage ; et la jeune fille ne sent guère plus sa pudeur troublée à la vue de la nudité de l'enfant qu'à celle de l'animal. Aussi quand arrive la saison des pluies, aux premières ondées vous verrez des légions d'enfants rejeter avec la vitesse de l'éclair la claire robe d'indienne. Et tout ce petit monde à l'eau nage comme le poisson. Ce n'est pas à dire que la décence ne soit préférable. Jamais les mères de famille ne s'y prendront trop tôt pour enseigner la modestie à leurs enfants ; le « ne pas laisser les enfants nus » sera toujours de la meilleure éducation et du plus pur christianisme.

Mais la jeune fille qui garde son frère, à côté de la broderie qu'elle paraît continuer avec un plaisir esthétique bien innocent, a placé une toute petite glace arrondie. De temps en temps, comme l'oiseau qui se mire dans le cristal de l'onde, elle regarde ses dents, inspecte ses cheveux, examine son teint. On trouvera que ces petits caprices ne sont pas exclusivement créoles. Je l'admets, mais suivez-moi. A l'entrée du bourg on entend un galop de cheval. Au fond d'une voiture émerge une chevelure vénérable blanchie par l'âge. Est-ce un médecin, un magistrat, un planteur ? Il est facile à ses traits de reconnaître en lui l'indigène ou l'homme depuis longtemps habitué aux rayons du soleil. Le cocher fouette bon train, puis soudain ralentit. Alors le vieillard tire de son étui une glace, un peigne artistement travaillé, une petite brosse ; et du fond de sa voiture procède à une minutieuse inspection de sa personne : le plus petit, le plus humble des poils de sa barbe n'est pas oublié à la revue et répond à l'alignement. Quand je parle ainsi, je rapporte simplement, me gardant bien de blâmer ce qui chez les peuples anciens était un véritable culte.

Pendant que j'écris ces lignes arrive le jour tant attendu des élections municipales. On va choisir un maire. S'il faut en croire les mauvaises langues elle est allée, la belle-mère de M. le Maire, semant par les chemins de la farine pour blanchir le candidat et du maïs pour gagner les électeurs. Le rhum est soigneusement dosé et le

quaimbois descendu au fond de la bouteille crie
à l'échanson : « Agiter avant de s'en servir ».
Mais ce sont là les dires créoles ; le sérieux de
l'affaire est que les électeurs choisissent et nom-
ment leur maire. Pauvre maire ! que va-t-il
faire ? Il a sur le dos l'enseignement primaire,
deux instituteurs, trois institutrices. Et il faut
du logement pour tout ce personnel. Pas de
mairie, pas d'écoles. Le blâmerez-vous si par
son habileté il arrive à en construire, et puis
dame ! à les louer ? Et si la Providence lui envoie
cinq ou six filles, et qu'il vienne à donner une
maison à chacun de ses gendres, faudra-t-il dire
que tous les maires des colonies sont des concus-
sionnaires ? O ingratitude des électeurs. Mais
chut ! j'entends parler : au soir des élections tout
le monde parle français. Et quel français !

CHAPITRE IV

Tête droite, taille élancée. Le fardeau, la boîte d'allumettes, le morceau de morue. Le lavoir. Incommodités. Cancans. Les races : le blanc, le noir, le jaune.

Aux colonies, on marche généralement dans une attitude droite, idéale. L'indigène à la taille élancée s'y prête admirablement. Je vois une femme, une jeune fille, et elles se tiennent excessivement droites. Dès leur bas-âge elles ont porté de l'eau, des vivres ou autres objets sur la tête. Et Dieu sait avec quelle habileté et quelle puissance de muscles, une femme porte sur son chef un fardeau considérable. Jamais vous ne verrez, comme en France, les objets transportés à la main, sous le bras, sur les épaules.

Non, la tête, la tête seule est le véhicule des pays du soleil. Les plus petits objets du ménage, voire même l'ustensile le moins noble, sont noblement portés sur la tête. Il arrivera même que vous prierez un enfant de vous porter une lettre à la poste, et vous ne serez pas peu surpris, de le voir s'en aller en sifflant, votre lettre placée sur la tête. N'en ayez point souci, il pourra continuer ses jeux et la lettre ne tombera point. De la boutique voisine, il ne sera pas rare de voir sortir un autre enfant portant sur la tête un sac de poivre, une boîte d'allumettes, et, chose bien moins poétique encore, un morceau de morue.

Il en est de même de la blanchisseuse qui arrive. Ici point de commodités pour elle. L'homme n'a point songé à lui fournir les moyens de transport et de vaquer à son travail sans fatigue considérable. Elle puisera l'eau à l'aide d'un vase appelé fer-blanc, en remplira une terrine, et accroupie, elle lavera, lavera toujours. Si quelque étranger se présente, sous la main mouillée, la robe grince et crie, puis se déchire : c'est le brusque rappel à la modestie chrétienne dont l'indigène a l'instinct profondément enraciné. Mais le manque de commodités dans des contrées où pour la plupart la vie est rudimentaire !...... Et s'il n'y avait encore que cela ! Au fur et à mesure que se blanchit le linge, pauvre homme, pauvre jeune fille, comme on bavarde et comme on salit ta réputation ! Mal de tous les pays : que de cancans, de divisions dans les familles naissent au lavoir. Saluons en passant la femme chrétienne qui se retire à l'écart, et sans bruit continue son travail.

En sortant du lavoir, je rencontre un homme de couleur qui me dit : « Le blanc nous dédaigne et l'Européen à son arrivée dans ces contrées s'éloigne de nous. » Plus loin je rencontre un blanc qui me dit : « L'homme de couleur nous jalouse et nous reproche chaque jour d'être étranger au pays. » Qui a tort ? Tous les deux. Nous sommes citoyens au même titre, habitant le même sol, et de plus chrétiens, en tout point frères. Et si vous devez l'existence à un aïeul qui vint s'établir dans ces contrées, pourquoi n'aurais-je pas le droit de m'asseoir à votre foyer et de m'établir parmi vous ?

Bonjour donc à tous et que tous répondent au nouvel arrivé : « Soyez le bienvenu. » Ce sentiment du reste est conforme à l'hospitalité qui, chez le créole, est si remarquable que j'ai écrit quelque part que c'était là un des plus beaux fleurons des Antilles, une fleur née au soleil des Tropiques, fleur immortelle qu'il ne faut point laisser flétrir. Soyons tous frères.

CHAPITRE V

Les fureurs des électeurs. Le jeune noir. Le président stupide.
Le peuple dans la rue. Tatata, ronronron. La vieille négresse.

Les voilà devenus citoyens, électeurs, candidats. Mais du haut des cieux, le soleil darde
ses brûlants rayons. Calme dans son cours, il
est étonné de voir des populations faites pour la
dolce farniente, engager des luttes politiques
avec une frénésie sans limites. Ils vont aux
urnes, et c'est parfois pour les briser et en inci-
nérer les bulletins. Toujours je me souviendrai
de m'être présenté un jour d'élection dans une
petite localité sans être inscrit. Fonctionnaire
de l'endroit, j'avais le droit de voter. Un jeune
noir qui connaissait la liste protesta d'une façon
insolente, et malgré mes éclaircissements, le
texte de la loi sous les yeux, lu même à haute
voix par M. l'instituteur, je n'obtins qu'un sur-
croît de rage. Le président du bureau, un noir
de taille courte, offrant le type le plus achevé
de l'indolent, appelé à trancher le cas, ne comprit
pas même de quoi il s'agissait. Et pourtant, à
cette heure il représentait la belle et noble nation
française ; et moi, enfant vrai et non adoptif de
mon pays, je ne pus voter. O politique ! Je me
retirai jurant mes grands dieux qu'on ne me
reverrait plus avec pareilles gens.

Je préfère revenir au bon peuple de la rue, et
à ses chants même un peu bruyants. C'est un

tambour de basque aux sonorités duquel viennent
se joindre les accents d'un violon rudimentaire.
C'en est assez : filles, garçons, hommes et
femmes suivent. L'un d'eux doué d'un talent
improvisateur qui en fait le prince de l'harmonie,
jette dans les airs des couplets inintelligibles.
Le nom manque? Il a des ficelles. Le verbe ne
vient pas? On met un adverbe. Et le chœur peu
préoccupé de la perfection de la composition
ajoute un tatata ou un ronronron. Les têtes
oscillent, les yeux semblent dire : c'est beau.
Pourquoi pas? Ils ne font de mal à personne,
ils ne sortent pas de leur rôle enfantin ceux-ci,
pour chausser un cothurne qui n'est pas à leur
taille. Ils ne chansonnent personne; qu'ils con-
tinuent.

Ah! il ne faut pas leur demander un talent de
virtuose. Qu'ils soient heureux et que les petits
enfants surtout sautent et frappent des mains.
Ça vaut mieux que la colère de cette vieille négresse qui fait de la politique et maudit ses
voisins, et papa et maman à Yo. En avant la
musique!

CHAPITRE VI

La prière du soir. Le coucher. La veilleuse. Le ciel des Tropiques.
La croix du Sud. L'Océan.

Le soleil est descendu, comme dirait Château-
briand, de son char de lumière ; je vois au pays
des fleurs et de l'éternelle verdure les petits
enfants groupés autour de leur mère, et à haute
voix se fait la prière du soir. On prie pour la
case, on prie surtout pour les parents qui ne sont
plus et dont les restes reposent au cimetière des
bambous ou des cocoyers. Tels les petits colibris sortis de leur nid se groupent le soir et font
entendre leur chant tout en voletant autour du
berceau vide, sous le regard du père et de la
mère attentifs. Modestement enveloppée d'un
long peignoir la femme s'enroule dans les draps
et s'endort d'un profond sommeil, ou ce qui arrive le plus souvent, dort à terre, à côté du dernier né ! Car l'unique lit bien propre n'est dérangé
qu'en cas de maladie, pour recevoir les derniers
sacrements ou la visite du médecin. L'homme,
rude travailleur, a besoin de la fraîcheur de la
nuit, et, le torse nu, entre dans ces profonds
ronflements signes avant-coureurs des béatitudes
de la nuit. Pauvre homme ! Dans un sommeil de
plomb il fait parfois des rêves d'or. Les enfants
dorment bien vite sous les rayons tremblottants
de la pâle veilleuse. Le dernier venu cependant
se réveille dans les plaintes et les gémissements :

la mère se précipite et tend une abondante mamelle qui rend le cher petit à ses premières douceurs. Innocente maison que les anges couvrent de leurs ailes.

Que dire de ces milliers de lumières qui brillent au firmament des Tropiques, pendant le sommeil des mortels ? Jamais, non jamais, je ne pourrai décrire cette splendeur des cieux. Ce sont des légions d'étoiles qui vous servent de couronne, vous enveloppent de leurs innombrables reflets. La « croix du Sud » s'avance dans toute sa gloire ; derrière la montagne, dans un vaste incendie, le globe lunaire majestueusement vient se planter sur la crête et dire au Seigneur : « Me voici, que voulez-vous ? » Et le Seigneur lui répond : « Va éclairer les petites barques blanches qui ouvrent leurs ailes sur l'immensité de l'Océan et ramène à leurs familles anxieuses tant de marins qui m'implorent. » Puis tout à coup dans les flots, comme dans une glace immense, on voit d'autres cieux, d'autres étoiles, un autre globe lunaire. Sous le sillage du navire, une large traînée lumineuse et phosphorescente s'augmente encore dans les parages où de nombreux poissons sillonnent les ondes d'une flèche lumineuse. Et toujours, toujours au pays du soleil, des fleurs et des colibris, la nuit, la nuit éternelle étincelle de mille feux, pure, sans nuages et sans ombre.

CHAPITRE VII

Précocité du créole. A l'église. La première dent. Le piège.
La messe de confrérie. L'évangile. Le gâteau. Les agapes.

L'enfant né d'hier est déjà sur les bancs de
l'église. Je le vois sérieux, ne pleurant point,
immobile comme un ange sorti des mains de
nos artistes. C'est que déjà il comprend, c'est
que déjà il marche. Il n'a pas eu comme les
enfants de France, le doux berceau aux flottantes
dentelles, et d'ingénieux appareils pour essayer
ses premiers pas. Non, s'il ne se tient pas encore
debout, il se rend sur ses mains et sur ses pieds
d'une extrémité de la case à l'autre, nu sur la
terre nue. Il nage, bientôt il marchera. Puis,
dans quelques jours, à votre très grand étonne-
ment, vous le trouverez monté sur un arbre, à
la cueillette des cerises, des mangots et des sa-
potilles. Venu rapidement, l'indigène a l'intelligence étonnamment précoce, mais par une sorte
de réaction, elle s'arrête brusquement. L'Européen tout au contraire voit la sienne grandir
lentement, comme les végétaux des pays tempérés, mais grandir toujours, jusque dans l'âge
le plus avancé.

Le voilà donc le cher ange créole revêtu de la
plus fine dentelle et son bonnet immaculé enca-
dre sa tête mignonnement rosée. Inévitablement
il a fallu ajouter force poudre de riz. On vient.

Voyez donc comme il est bien venu. Quels membres ! quels bras ! quels aimables petits pieds !

Attention ! c'est le prélude : on prépare un piège. « Quelles lèvres roses ! quels beaux petits yeux ! » On lui ouvre la bouche. Aussitôt de vous écrier : « Mais il a une dent ! mais il a des dents. » On feint d'être étonné, on regarde : vous êtes pris. « C'est vrai, c'est vrai », dit la bonne, « c'est vous qui les avez vues le premier. » Ce qui veut dire en langage du pays qu'il faut financer. Il est d'usage en effet en pays créole, que celui qui voit la première dent d'un enfant fasse un cadeau. Donc à l'œuvre et que votre présent soit riche. La famille s'y attend car ce n'est pas le premier venu qui a l'honneur de voir la première dent et tout honneur se paie.

Le meilleur moyen et assurément le plus ingénieux aurait été de bien voir et de ne rien dire, mais c'en est fait. Au quart d'heure de Rabelais !

Un autre usage non moins intéressant est celui de la messe de confrérie. Ici le sentiment s'agrandit et s'élève. Le Dieu qui fit le ciel et la terre est aussi celui qui donne au soleil des Tropiques ses rayons de chaque jour, à l'abeille son miel et à la canne son sucre, autre miel sorti des verts sillons. Aussi pour toute réponse à tant de bienfaits au pays, où de branche en branche saute l'oiseau aux plus riches couleurs, le créole revêt ses plus beaux habits pour chanter les louanges de Dieu.

On va allumer les feux à l'usine de là-bas qui dresse ses trois intrépides cheminées.

Les travailleurs célèbrent religieusement le commencement de leurs pénibles labeurs : une messe des plus solennelles est chantée de la façon la plus solennelle ; on y convie les chantres les plus renommés et les musiciens les plus recherchés. Le prêtre, à l'Évangile, donne à la parole divine une de ces plus belles et plus poétiques envolées. Il y a là de riches toilettes et les lourds pendants d'oreilles avec les colliers aux multiples replis y étincellent à la lumière de mille cierges. Au milieu est un royal gâteau qui va être béni : il est enguirlandé de fleurs et de petits drapeaux aux trois couleurs nationales folâtrant tout autour. On sort bientôt de l'église et, au son de la musique, on exécute les mouvements les plus souples et les plus gracieux sans cependant interrompre la marche du ravissant cortège. Après, dame, ce sont d'exubérantes agapes.

CHAPITRE VIII

Les trois chaleurs. Paroles d'un colon. Les marais. La malaria.
Les moustiques. L'acclimatement. Précautions à prendre.

Un homme plein de sagesse et d'expérience s'écriait un jour : « Dans ces contrées, il y a trois chaleurs à éviter : chaleur du soleil, chaleur du rhum et chaleur des visites ». C'est qu'en effet le soleil agit puissamment comme destructeur des fibres cérébrales ; et le téméraire ne tarde pas à sentir en lui un affaiblissement des facultés de penser et de juger. Ajoutez à cela les ardentes flammes qui dévorent bien vite le corps ; et c'est l'anémie des vertus physiques et morales. Il faut en dire autant de l'usage de toute liqueur fermentée, du rhum surtout. Je ne crois point avec un vieil adage qu'il y ait de vertu possible à un homme qui ne sait point réprimer les ardeurs d'une soif voulue et provoquée. Le vin n'est point un produit du pays, et si l'homme l'a introduit où la Providence le refuse, c'est comme remède contre l'anémie tropicale. Terminons sur cette parole d'un autre colon : « J'allais à la chasse, et je me suis aperçu qu'il fallait cesser ; j'allais à la pêche, et je me suis aperçu qu'il fallait cesser ; je me suis aperçu qu'il vaut mieux rester chez soi. Depuis ce temps je suis heureux ». A bon entendeur, salut !

C'est là du reste un des grands moyens d'éviter la fièvre, cet ennemi mortel de l'homme. Pourtant en effet où la côte est basse, règnent

des marais où la fièvre en permanence conspire
contre la vie du créole, et commande à la mort
de faire languir ou disparaître des habitants. Il
semble que ces régions malsaines n'auraient
point dû être peuplées, afin que la vie des Tropiques fût une vie patriarcale. Mais les besoins
de la navigation, les richesses de la mer appellent et appellent toujours l'homme. L'indigène
du reste n'est pas exigeant pour établir sa case;
et il l'établit aussi bien dans l'eau, à la manière
des habitations lacustres, que sur les monticules
appelés mornes. La Providence a eu pitié de lui
en lui envoyant une bienfaitrice sortie des
entrailles végétales, la quinine. On assure que
celui qui quotidiennement prend de l'extrait de
quinquina est à l'abri de tout accès pernicieux.
Des régions malsaines en effet naît un microbe
visible à l'œil nu, qui s'élève du sol et voyage
en agglomérations nébuleuses appelées linceuls
de mort. Inoculé par les moustiques, sans eux
il est reconnu qu'il n'y aurait point de malaria ou
fièvre paludéenne, inoculé par les moustiques,
ce mortel ennemi de l'homme agit directement
sur le foie et y produit une hypersécrétion de
bile qui, si elle n'est pas chassée par le médecin,
empoisonne le sang et ne tarde pas à provoquer
un accès pernicieux. Que faire contre ce microbe?
Le noir résiste à la malaria, grâce à la liqueur
« sui generis » qui ruisselle de son corps; l'Indien
en est préservé, parce qu'il s'enduit les cheveux
et les mains de graisse ou d'huile. Les moustiques n'aiment point ces odeurs. Quant à la science
jusqu'ici elle n'a trouvé que deux remèdes : la qui-

nine et les bains froids. En revanche dans les régions élevées, dans les régions sèches, on ignore le fatal microbe et sa fièvre. L'existence y est d'une douceur et d'une durée en quelque sorte infinies. Que l'Européen choisisse donc son habitat.

Somme toute, il n'y a à se garder de la fièvre que dans les marais. Je ne sais quelle incurie préside à l'acclimatement de l'européen aux pays chauds. Le militaire pourtant est mieux partagé que tout autre à l'ordinaire : toute caserne, toute gendarmerie élevée dans un endroit malsain ou insuffisamment aménagée, est impitoyablement refusée ; mais pour le clergé, grand Dieu ! j'ai vu arriver de France de tout jeunes abbés, doués d'une merveilleuse santé, remplis de la ferveur des saintes onctions ; et, pour les acclimater, on se voyait contraint de les envoyer dans les marais. Qu'arrivait-il ? Ils succombaient à la fièvre jaune ou à la malaria, ou au bout de quelques mois il fallait les rapatrier. O vous donc qui considérez les nouveaux venus comme vos enfants, pensez aux pleurs que vous ferez verser à une pauvre mère qui vous a donné ce qu'elle a de plus cher au monde : son enfant et les sacrifices qu'il lui a coûtés. Elle est bien belle cette sagesse des Pères du Saint-Esprit, qui n'exposent les débutants aux ardeurs d'un soleil mortel qu'après un long acclimatement. Pour vous, pauvre vicaire, le lendemain de votre arrivée on vous amènera un cheval et vous devrez chevaucher jusqu'à onze heures sous un soleil que vous ne connaissez pas et dans une paroisse où il n'y a pas de chemins.

CHAPITRE IX

L'activité. La promenade. Le docteur Kiefer et la fièvre. Le vieux marcheur. La chasse, la pêche. Conclusion.

Je me suis laissé faire cet aphorisme :

Au pays chaud,
Marcher bien vaut.

Comme tous les aphorismes, s'il a peu de poésie d'expression, il est la quintescence de l'expérience humaine. Voici ce qui arrive en effet comme conséquence de l'activité : vous transpirez et la transpiration est absolument nécessaire, plus nécessaire même sous les Tropiques que dans les pays froids. Un médecin bien connu, le docteur Kiefer, disait à ses fiévreux : « Allez, marchez, suez votre fièvre ». On sait en effet que la vapeur d'eau, en arrivant à la surface de la peau, dégage toute la chaleur qu'elle y apporte pour se transformer en ces perles précieuses pour la santé qui sont les gouttes de sueur. Et la chaleur ! la chaleur ! voilà ce que contiennent les membres et qui est cause de toute fièvre. Un grand marcheur, qui ne négligeait pas sa promenade quotidienne, me disait : « Dans ces pays, il faut autant marcher que dans les pays froids. Explique cela qui voudra : c'est un fait ». Un autre ajoutait : « Tous les huit jours je fais une bonne sortie ; c'est ma lessive, je transpire : toute la vieille marchandise est mise à la porte ; et en arrivant je renouvelle mon magasin ».

Ce n'est pas à dire pour cela qu'il faille se livrer à la chasse ou à la pêche d'une façon effrénée. Toute latitude, il est vrai, est laissée aux chasseurs aux colonies et il n'y est guère besoin de permis. Mais sauf quelques exceptions assez célèbres pour ne pas les citer, il n'y a que de médiocres chasseurs. Est-ce leur faute ? Quel gibier croyez-vous qu'ils puissent rencontrer ? L'agouti ? Il a disparu et il ne reste plus que quelques oiseaux : tourterelles, ramiers, canards sauvages, poules d'eau. On chasse quand même et si l'on n'attrape point de gibier, on attrape force insolations ; si l'on ne tue rien sous le soleil, on est tué par le soleil. Car il est impossible dans la poursuite de la victime à immoler d'éviter les brûlants rayons du soleil qui vous couvrent la figure comme d'une enveloppe de feu. Mais j'ai la tête protégée par un large couvre-chef ? Cela ne suffit pas et la meilleure coiffure coloniale, le salako, ne défend point de la chaleur, des insolations. De plus, chose curieuse, si vous sentez la première insolation, vous devenez insensible aux autres, au point de dire : « Le soleil et moi, nous sommes de vieilles connaissances ». Erreur : l'anesthésie physique est arrivée, gare à l'anesthésie morale qui ne tardera pas.

On ne pourrait peut-être pas en dire autant de la pêche qui n'est pas sans charme et sans fruit. Le soleil se lève, et déjà sur la mer les blanches voiles bondissent comme des coursiers indomptés. C'est la pêche à la nasse, espèce de grand

panier où le poisson s'est naïvement emprisonné.
Heureux pêcheurs si le courant qui forme la
ceinture de l'île n'a pas trompé leurs espérances,
en entraînant dans la direction opposée les pré-
cieux engins. Ils reviennent, quand soudain des
oiseaux marins volant à la surface des flots
indiquent la venue d'une bande de dorades ou de
tons. Poissons et oiseaux poursuivent une même
victime, et les tout petits poissons, recherchés
avidement par leurs ennemis de l'air et des
flots, s'enfuient de toute la force de leurs
nageoires. Les belligérants approchent et dans
l'ardeur du combat entrent dans l'anse où les
attend le maître de senne. Quelle capture, grand
Dieu ! Les canots regorgent de frétillants cap-
tifs ; on les dirige vers la ville voisine et de
cette pêche miraculeuse on retire jusqu'à deux
ou trois mille francs. Grande liesse dans la
région !

CONCLUSION

—

Il reste encore beaucoup à dire sur les colonies françaises ; et de fort belles choses. Vit-on par exemple spectacle pareil à ces vallées embrasées au soir des morts, à ces ombres mystérieuses et errantes, à ces enfants vêtus de blancs, à ces jeunes filles assises ou debout au milieu des fleurs, à ces vieillards blanchis par l'âge, à ces femmes disant leur chapelet sur les tombes attentives, à ces mille flambeaux qui semblent sortir de terre. Et tout cela dans le décor ravissant d'arbres gigantesques dont le feuillage se laisse pénétrer par la lumière et renvoie en les multipliant de scintillants rayons dans le décor d'une mer immense qui retient son souffle pour ne pas éteindre les flambeaux. O colonies ! pays du soleil, pays des colibris, pays de la verdure et pays des beaux jours, bientôt je parlerai, je l'espère, de ces paradis des Antilles, du Morne-Rouge de la Martinique et du Camp-Jacob de la Guadeloupe, vrais coins du ciel tombés sur terre.

FIN

Melle. — Imprimerie Lacuve.